Género Texto expositivo

Pregunta esencial

¿Cuáles son los efectos negativos y positivos de la nueva tecnología?

Hablemos de robots

YVONNE MORRIN

Introducción

Usamos la tecnología todos los días. Unas máquinas lavan la ropa y mantienen los alimentos frescos. Otras máquinas nos transportan, nos ayudan a comunicarnos y nos entretienen. ¡Nuestra vida sería muy diferente sin la tecnología!

La tecnología evoluciona todo el tiempo. Algunas personas se emocionan con estos cambios. A otras les preocupan. ¿Puedes pensar en algunos efectos positivos de la nueva tecnología? ¿Cuáles son algunos efectos negativos?

La **robótica** es un área de la tecnología que se desarrolla con rapidez. Hay millones de robots en el mundo. La mayoría hace trabajos que se consideran demasiado peligrosos o demasiado aburridos para los seres humanos. Muchas personas promueven la utilidad de los robots. Otras creen que las personas podrían volverse demasiado dependientes de ellos. Tal vez, los robots tomarían sus trabajos.

Antes de hacerte una opinión sobre los robots, mira los hechos. Luego puedes reflexionar y sacar tus propias conclusiones. Conocer los hechos también te permite citar evidencia que respalde tu razonamiento.

La tecnología influye en nuestras vidas.

CAPÍTULO 1

¿Qué es un robot?

La palabra *robot* viene de la palabra checa *robota*, que significa "trabajo forzado".

Una definición de robot dice que es una máquina que realiza automáticamente una tarea normalmente hecha por un ser humano. Esta es una buena definición para una lavadora. Una lavadora opera en lugar de una persona, de manera que esa persona no tenga que lavar la ropa a mano. Pero muchos no consideran que una lavadora sea un robot.

Los robots vienen en muchas formas y tamaños.

Feature China/Barcroft Media/Getty Images

Una definición mejor dice que un robot es una máquina que usa la información a su alrededor con el fin de decidir qué hacer.

Un robot interactúa con su entorno. Usa equipos como cámaras o micrófonos que registran esa información. Una computadora en el robot usa esta información para tomar decisiones. Luego, las partes mecánicas del robot levantan y mueven objetos.

Los robots a través de la historia

Los **autómatas** fueron inventados entre 1700 y 1900. Se suponía que se parecían a personas o animales y que tenían partes móviles. Algunos autómatas tocaban instrumentos musicales y dibujaban. Sin embargo, los autómatas no usaban información sobre su entorno. No son considerados robots verdaderos.

La primera máquina capaz de tomar decisiones se construyó en 1911. Jugaba ajedrez contra humanos. Tenía **sensores** eléctricos que le decían la ubicación de las piezas de ajedrez. Luego, movía un brazo mecánico cuando era su turno.

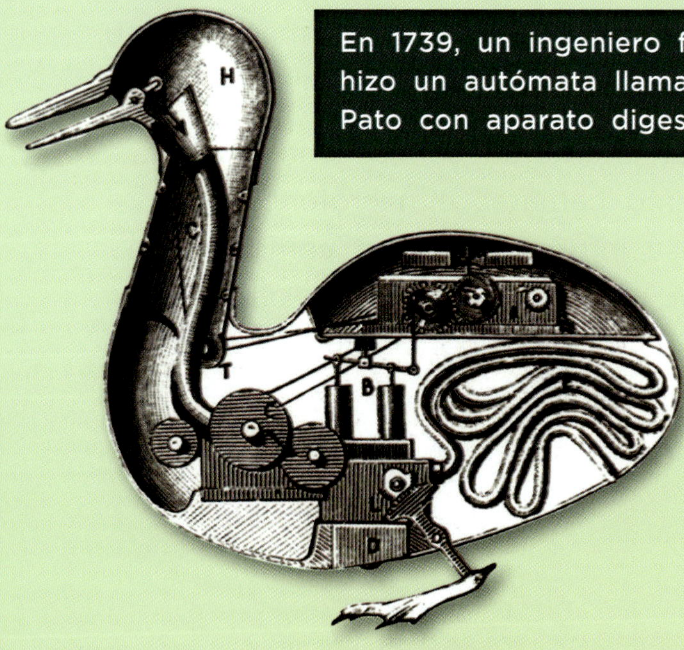

En 1739, un ingeniero francés hizo un autómata llamado Pato con aparato digestivo.

Photo 12 Collection/Alamy Stock Photo

ROBOTS DE FICCIÓN

Antes de que se inventaran los robots reales, los cuentos de ciencia ficción incluían robots. ¡Algunas películas entre 1920 y 1940 mostraban robots que conspiraban para conquistar la Tierra! Entre 1950 y 1970, los robots se mostraban en televisión como compañeros útiles.

A mediados del siglo XX, la tecnología de las computadoras mejoró. Esto significó que las máquinas podían ser controladas por cerebros **artificiales**. Estos fueron los primeros robots verdaderos.

La primera máquina capaz de moverse libremente e interactuar con su entorno se hizo en la década de 1940. A medida que se movía, podía evitar objetos. Se movía tan despacio que se llamó la Tortuga Elsie.

AHORA COMPRUEBA

¿Por qué los autómatas no son verdaderos robots?

CAPÍTULO 2

El trabajo de los robots

Estos robots ensamblan automóviles en una fábrica.

Glow Images

El primer robot diseñado para trabajar en una fábrica tenía un brazo grande para levantar cosas, controlado por vía **electrónica**. En 1961, el robot se usó en una fábrica que hacía automóviles. Levantaba partes metálicas que estaban demasiado calientes para que los trabajadores las tocaran.

De 1960 a 1980, muchas fábricas de Estados Unidos usaban robots. Los robots son costosos, pero pueden ahorrarle mucho dinero a la compañía a través del tiempo. Esto se debe a que:

- con frecuencia pueden realizar trabajos con mayor rapidez y mayor precisión que los humanos;
- no se cansan ni cometen errores;
- no se aburren de hacer la misma tarea una y otra vez.

Los robots cambiaron el trabajo en las fábricas. Algunas personas se preocupaban de que los robots se fueran a quedar con su trabajo. También les preocupaba la seguridad. Algunos robots que fueron programados incorrectamente rompieron ventanas en una fábrica.

En la década de 1980, la mayoría de los robots eran **manufacturados** en Japón y Europa. Japón tiene una población con muchos ancianos. Por eso les preocupaba que no hubiera suficientes trabajadores jóvenes en el futuro. Pensaban que se necesitarían robots para hacer muchos trabajos.

DÓNDE ESTÁN LOS ROBOTS INDUSTRIALES

Asia lidera al mundo en el uso de robots.

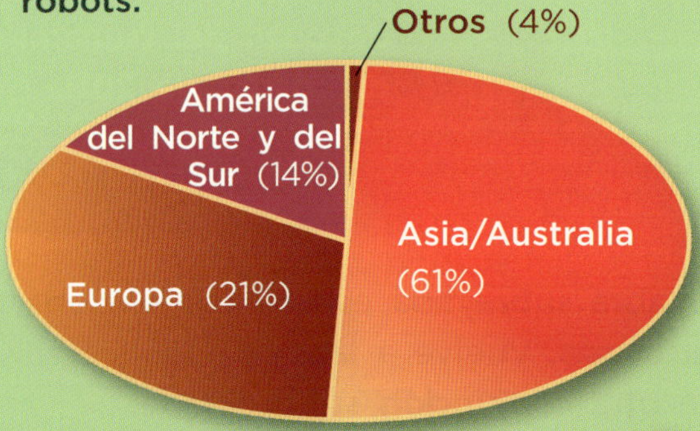

Digital Vision/Getty Images

PUNTOS DE VISTA

LOS ROBOTS EN EL TRABAJO

"Pienso que tener robots en el trabajo es una buena idea. Pueden hacer los trabajos peligrosos".

"Si empezamos a usar robots en lugar de seres humanos, ¿seré reemplazado por una máquina?".

¿Qué piensas? ¿Es una buena idea tener robots en el trabajo?

¡Demasiado peligroso para los humanos!

Los robots se usan para hacer trabajos peligrosos. Pueden limpiar derrames de sustancias químicas y desechos venenosos en plantas nucleares. Pueden incluso **desactivar** bombas.

Los robots también ayudan en los desastres naturales, como un terremoto. Los rescatistas que buscan sobrevivientes ponen en riesgo su propia vida. Por eso, se desarrollaron los robots exploradores. Realizan búsquedas y hacen que sea más seguro rescatar a los sobrevivientes.

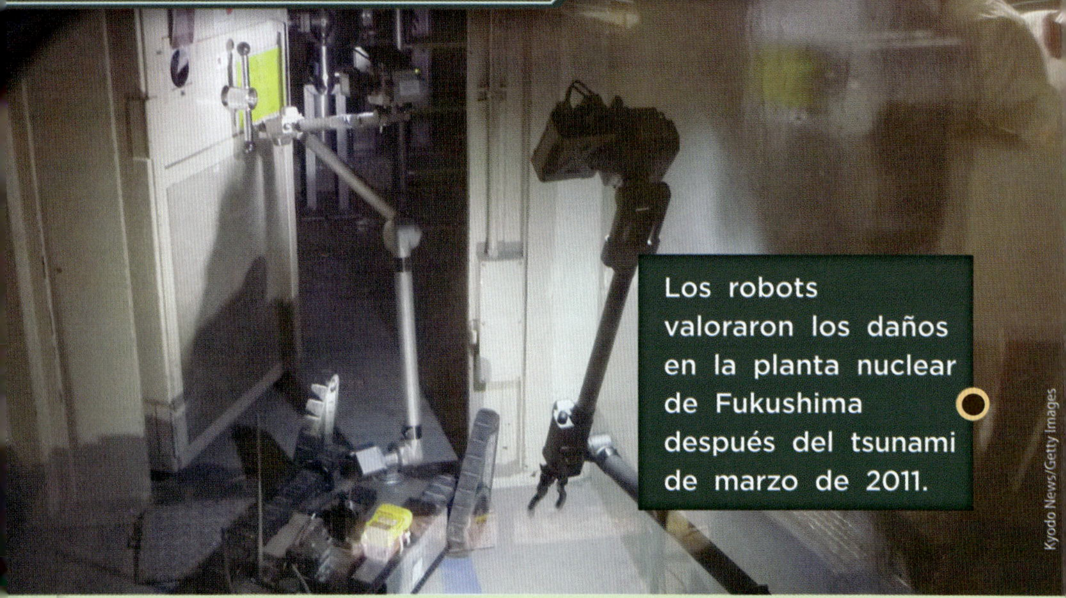

Los robots valoraron los daños en la planta nuclear de Fukushima después del tsunami de marzo de 2011.

Kyodo News/Getty Images

Detective del lenguaje La palabra subrayada es una conjunción subordinada. Vuelve a leer la página 9 y busca otra conjunción subordinada.

Los robots exploradores tienen acceso a áreas peligrosas. Llevan cámaras y detectores de gas que envían información importante a los rescatistas. Estos datos ayudan a los rescatistas a hacer un análisis de la situación. Los robots pueden llevar alimento o medicamentos a los sobrevivientes que quedan atrapados. Algunos robots pueden arrastrar a los sobrevivientes fuera de los escombros.

Los ingenieros han desarrollado un robot astronauta. Este robot puede explorar la superficie de un planeta y recoger muestras. A diferencia de los seres humanos, el robot no necesita respirar, comer o cuidarse del frío.

AHORA COMPRUEBA

¿Cómo pueden los robots ahorrarle dinero a una compañía?

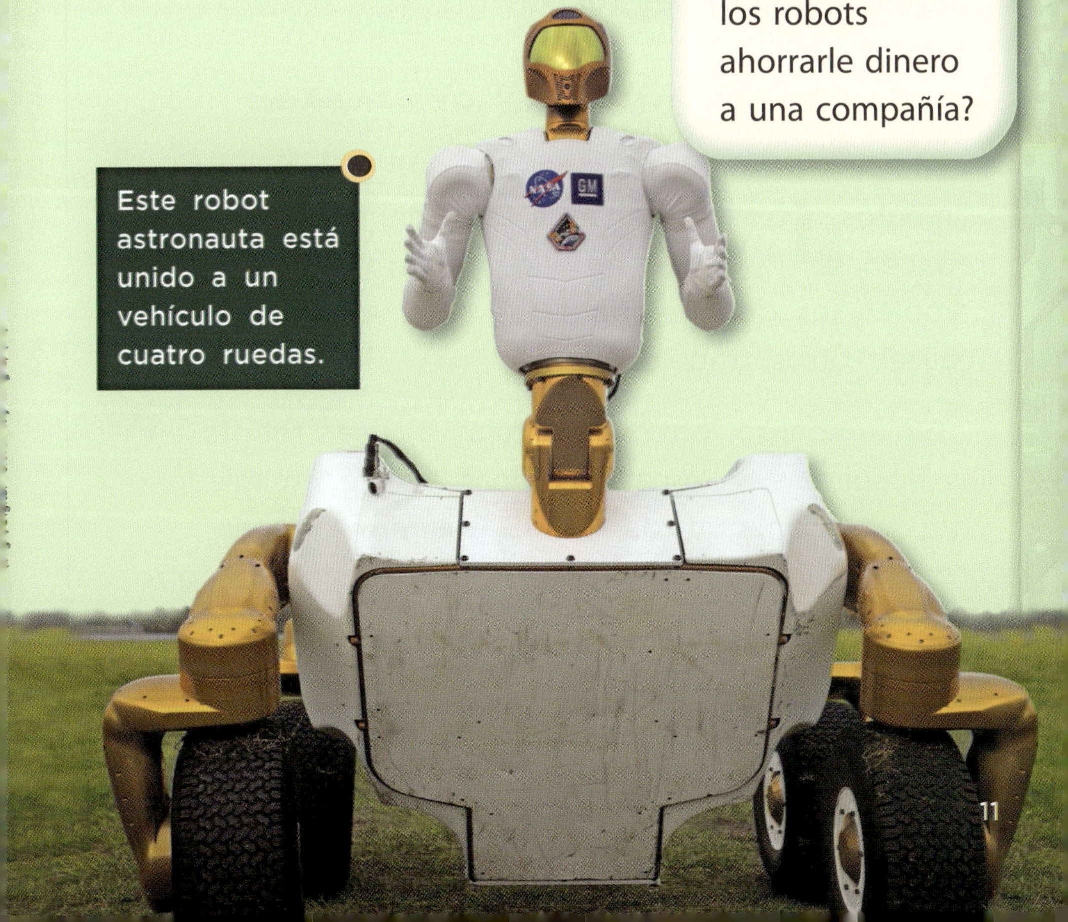

Este robot astronauta está unido a un vehículo de cuatro ruedas.

CAPÍTULO 3

Nuevos usos para los robots

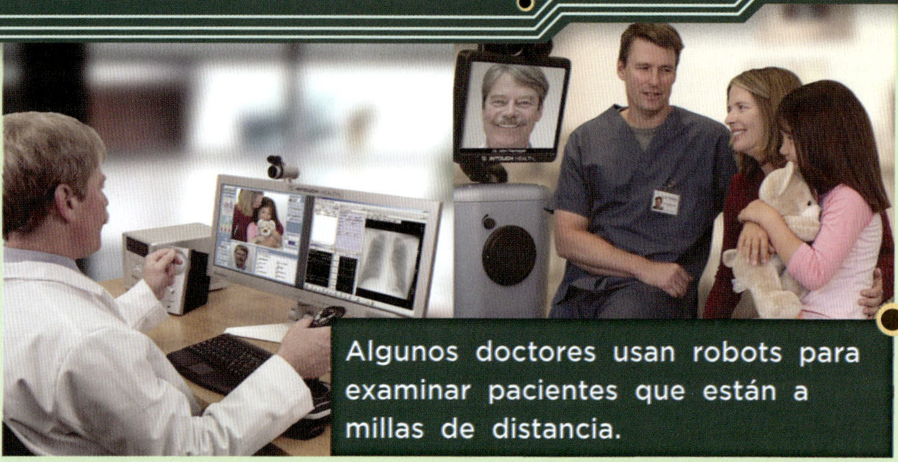

Algunos doctores usan robots para examinar pacientes que están a millas de distancia.

A medida que la tecnología avanza, se hallan nuevos usos para los robots.

Los robots en los hospitales

Muchos hospitales usan robots. Algunos reparten alimentos. Otros entregan medicamentos. Los robots reducen el riesgo de propagar enfermedades. También les dan tiempo a las enfermeras para que realicen otros trabajos.

Sin embargo, hay desventajas al usar robots en los hospitales. Algunas personas les tienen miedo. Otras piensan que los robots pueden cometer errores. Muchos pacientes prefieren hablar con otro ser humano en lugar de una máquina.

OPERACIONES QUIRÚRGICAS CON ROBOTS

El número de operaciones realizadas por un tipo especial de robots quirúrgicos aumenta.

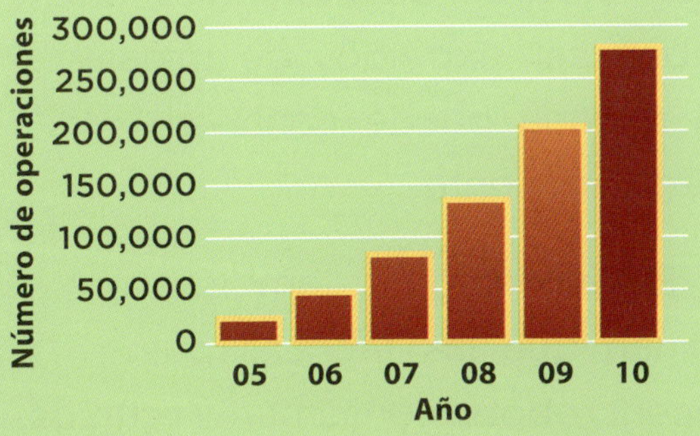

Los robots quirúrgicos se han usado para operaciones complejas. Los cirujanos humanos controlan estos robots. Aunque un robot quirúrgico es más preciso que un cirujano humano. También puede hacer cortes más pequeños en los pacientes. Esto significa que los pacientes tienen menos dolor y sanan con mayor rapidez.

PUNTOS DE VISTA

ROBOTS ASISTENTES DE ENFERMERÍA

Muchos japoneses de edad avanzada viven en hogares para ancianos. A algunos de ellos les gusta la idea de tener robots asistentes como enfermeros, pero a otros, no.

"No me gusta que un robot me dé mis píldoras. No confío en que el robot lo haga bien".

"Es bueno que los robots me traigan la comida. Eso significa que los enfermeros pueden estar más tiempo con las personas que necesitan atención".

¿Qué piensas? ¿Te gustaría tener un robot como enfermero?

PUNTOS DE VISTA

¿AMIGO O ENEMIGO?

"Los robots podrían ser capaces de resolver casi todos nuestros problemas ambientales. Deberíamos desarrollar robots nuevos para limpiar el medioambiente".

"Hasta que podamos producir robots que sean más amigables con el medioambiente, no deberíamos hacer más. Primero, gastemos el dinero en prevenir los problemas medioambientales".

¿Qué piensas? ¿Los robots son buenos o malos para el medioambiente?

¿Amigo del medioambiente?

Muchas personas no están seguras de que un aumento en el uso de robots sea una buena idea. Dicen que los robots están hechos de materiales que deben ser extraídos de minas. La minería puede dañar el medioambiente.

Estas personas también opinan que las fábricas que hacen robots consumen **recursos**, como combustible y agua. Desechar las partes viejas de los robots también perjudica al medioambiente.

Design Pics/Kristy-Anne Glubish

Las computadoras contienen sustancias químicas venenosas. Estas pueden ser perjudiciales para el medioambiente.

Este robot limpia el petróleo que es dañino para la vida marina.

La contraposición es que los robots pueden ser muy útiles para el medioambiente. Algunos robots pueden controlar el estado del medioambiente y limpiarlo de **contaminantes**. Algunos usan fuentes de energía, como los paneles solares, que recolectan energía del sol.

Los robots podrían ayudar a mejorar el medioambiente. Algunos separan el plástico para reciclar. Hay otros cuyas funciones son plantar árboles o filtrar la contaminación del aire.

Detective del lenguaje

La palabra subrayada es una conjunción subordinada. Busca en esta página otra conjunción subordinada.

Aprender de los animales

¿Qué es la inteligencia? Algunas personas piensan que inteligencia significa ser bueno para analizar datos. Otras creen que inteligencia significa ser capaz de tomar decisiones en respuesta al entorno.

Muchos ingenieros obtienen ideas para diseñar robots de los animales. Un ejemplo es el robot rata. El robot rata tiene sensores táctiles en sus bigotes, cámaras en sus ojos y micrófonos en sus oídos. Puede funcionar en la oscuridad y usarse bajo tierra o en cuartos llenos de humo. Algunos robots tienen tantas patas que pueden caminar sobre terrenos difíciles, como lo hace una araña.

El robot rata cabe en lugares donde los humanos no entran con facilidad.

AHORA COMPRUEBA

¿Cuáles son tres maneras de usar los robots?

Pierre Verdy/AFP/Getty Images

Conclusión

A algunas personas no les gustan los robots que parecen muy humanos, entonces las compañías hacen robots de diferentes estilos.

En el futuro, los robots cuidarán a las personas enfermas y solucionarán problemas medioambientales. También ayudarán en los desastres y harán más seguros los lugares de trabajo. Muchas personas tendrán opiniones positivas acerca de los robots.

Sin embargo, siempre habrá personas a quienes no les gusten los robots. Unos temen que dependamos demasiado de ellos y que perdamos destrezas importantes. Otros se sienten incómodos estando cerca de ellos.

Los científicos tendrán que pensar en estas opiniones para que cuando hagan robots nuevos, todos quieran usarlos.

Respuesta a la lectura

Resumir

Usa detalles del texto para resumir los efectos positivos y negativos de los robots. Usa el organizador gráfico como ayuda.

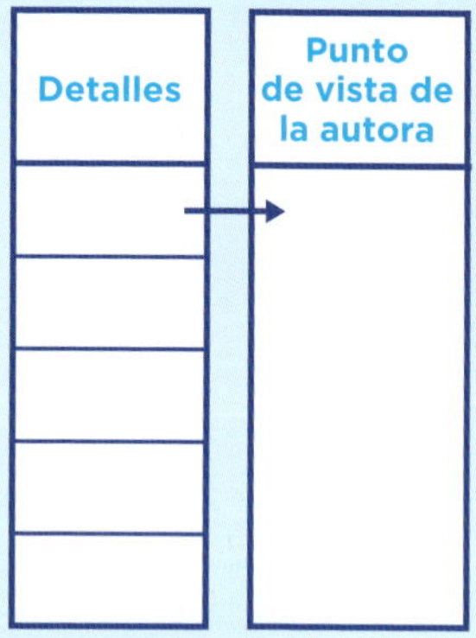

Evidencia en el texto

1. ¿Cómo sabes que *Hablemos de robots* es un texto expositivo? **GÉNERO**

2. ¿Cuál es el punto de vista de la autora en el Capítulo 3? ¿Qué detalles del texto lo sustentan? **PUNTO DE VISTA DE LA AUTORA**

3. El prefijo griego *auto-* significa "por sí mismo". Usa esto y las claves de contexto para descifrar el significado de *automáticamente* en la página 4. Luego, encuentra otra palabra en el texto que tenga este prefijo y explica su significado. **PREFIJOS GRIEGOS Y LATINOS**

4. Escribe acerca de la posición de la autora respecto a los robots. Usa detalles del texto en la respuesta. **ESCRIBIR SOBRE LA LECTURA**

Género **Artículo persuasivo**

Compara los textos

Lee un argumento contra el uso de los robots.

Sin sustituto

Algunas personas dicen que en el futuro todos los hogares tendrán un robot. Muchos piensan que esto sería maravilloso. Las personas muy ocupadas tendrán más tiempo, lo cual mejorará su vida. En este ensayo, espero persuadirte de que un robot en cada hogar sería algo terrible.

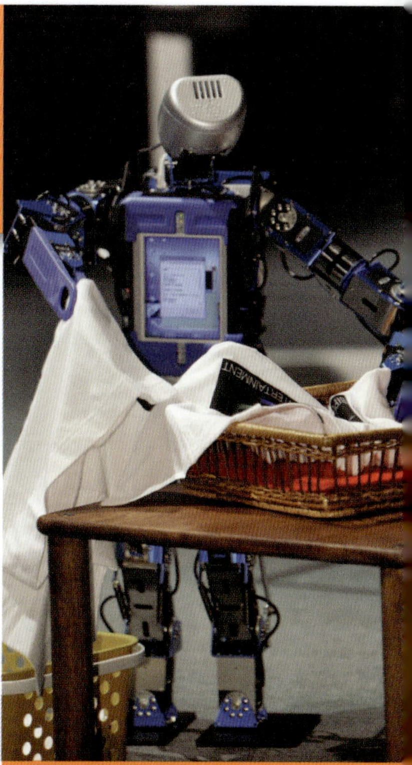

Este robot fue diseñado para ayudar en el hogar.

Las personas que tienen una máquina para realizar las tareas domésticas se volverán perezosas. Los niños que no ayudan en las tareas domésticas podrían no aprender el valor del trabajo. La gente en general podría dejar de ser responsable por sus acciones.

YOSHIKAZU TSUNO/AFP/Getty Images

Varias compañías han desarrollado robots para cuidar niños. Pero los padres o quienes estén a cargo de cuidarlos tienen la responsabilidad de educarlos. Tienen que enseñar a los niños cómo comportarse. Un robot no puede hacer esto porque no tiene emociones. No puede mostrar bondad, compasión o amor. Los niños criados por robots podrían no desarrollar por completo sus emociones.

Javier Pierini / Getty Images

¿Querrías que un robot cuidara a tu hermano o hermana menor?

También hay temas de seguridad. Los robots solo pueden hacer las cosas para las que están programados. En una emergencia, es posible que un robot no responda si no está programado para manejar el problema. Esto podría ser peligroso.

¿Y si algo saliera mal mientras un robot está a cargo? ¿Sería culpa del robot, del programador del robot, del usuario del robot o del dueño del robot?

¿Qué pasaría con todos los seres humanos trabajadores que los robots reemplazarían? Los empleados de la limpieza, las niñeras y los enfermeros que van a las casas podrían perder sus empleos.

Por todas estas razones, está claro que un robot en cada hogar no es una buena idea.

Haz conexiones

¿Qué efectos negativos sobre el uso de robots resalta el texto de *Sin sustituto*? **PREGUNTA ESENCIAL**

Después de leer ambos textos, ¿cuál es tu punto de vista acerca de los robots? **EL TEXTO Y OTROS TEXTOS**

Glosario

artificial no natural; hecho por seres humanos ***(página 7)***

autómata máquina que sigue un grupo específico de instrucciones; puede parecerse a una persona o un animal ***(página 6)***

contaminante sustancia que perjudica el medioambiente ***(página 15)***

desactivar quitar el fusible de una bomba para que no explote ***(página 10)***

electrónica técnica que usa circuitos, aparatos y equipos eléctricos ***(página 8)***

manufacturado hecho ***(página 9)***

recurso cosa que es útil para los seres humanos; por ejemplo, el agua, el combustible, la luz solar, los bosques y el alimento ***(página 14)***

robótica rama de la tecnología que se ocupa de cómo se diseñan, construyen y usan los robots ***(página 3)***

sensor aparato que detecta cosas, como el movimiento o la luz ***(página 6)***

Índice

Enfoque:

Ciencias

Propósito Explorar lo que pueden o no pueden hacer los robots

Procedimiento

Paso 1 Usa internet para aprender más sobre lo que los robots pueden o no pueden hacer.

Paso 2 Haz una tabla de dos columnas con los títulos "Puede" y "No puede". Registra en la tabla la información sobre lo que los robots pueden o no pueden hacer.

Paso 3 Ahora haz una tabla para los seres humanos y registra lo que pueden o no pueden hacer.

Paso 4 ¿Cuál es tu opinión sobre los robots frente a los seres humanos? Usa la información de las tablas para crear un cartel o una historieta de humor corta que compare los robots con los humanos. Asegúrate de mostrar con claridad tu punto de vista.

Conclusión ¿Crees que el uso de robots se volverá más común, menos común o seguirá igual que ahora? ¿Por qué?